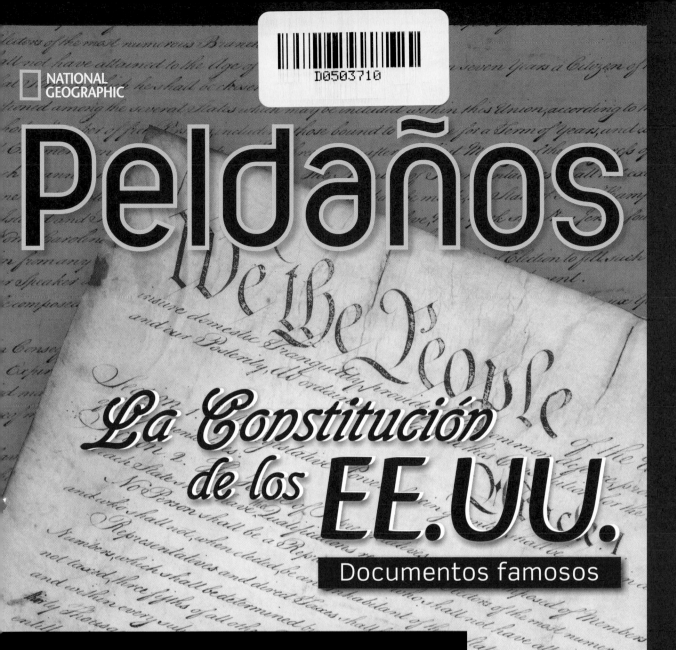

NATIONAL GEOGRAPHIC

D0503710

Peldaños

La Constitución de los EE.UU.
Documentos famosos

CONOCE LA CON

por Sheri Reda

¿Qué sucedería si nadie estuviera a cargo de tu escuela o de tu salón de clases? La escuela sería un lugar confuso sin control sobre lo que sucede. Lo mismo sucede con nuestro país. Tenemos un gobierno, leyes y reglas para mantener el orden. Un país no podría subsistir si no tuviera un gobierno que se asegurara de que la vida fuera justa y que la sociedad funcionara correctamente. Sin un gobierno, no habría orden y nuestra vida estaría patas arriba.

Los constituyentes de este país conocían la importancia de un gobierno sólido, por lo tanto, hace más de 200 años, escribieron la Constitución de los EE. UU. Este documento estableció nuestro gobierno federal. En la parte de la Constitución llamada Artículos, los constituyentes establecieron los Estados Unidos como una **república** en la que las personas eligen a sus representantes. La Constitución también estableció tres poderes iguales que se equilibran, y esos poderes funcionan en conjunto para crear y poner en práctica las leyes. La foto y las leyendas de la derecha identifican esos poderes: el ejecutivo, el legislativo y el judicial. Las leyendas explican algunas de las capacidades que posee cada poder.

EL PODER EJECUTIVO

En enero de 2013, Barack Obama juró para ejercer su segun mandato como presidente en Washington, D.C. Durante la ceremonia, el presidente Obama tomó el **juramento** de posesión, por el que prometió preservar, proteger y defend la Constitución. Como jefe del poder ejecutivo, el president puede firmar proyectos de leyes para aprobarlos y **vetarlos** rechazarlos. El presidente también es el comandante en jef de las Fuerzas Armadas de los Estados Unidos.

el presidente Obama

∧ El presidente Barack Obama junto a su esposa, la primera dama Michelle Obama y sus dos hijas mientras toma el juramento de posesión de su segundo mandato.

STITUCIÓN

EL PODER LEGISLATIVO

El representante John Boehner y el senador Chuck Schumer observaban cómo el presidente Obama tomaba el juramento de posesión. Ambos trabajan en el Congreso de los EE. UU., el poder legislativo. El Congreso está compuesto por el Senado y la Cámara de Representantes. Como se describe en la Constitución, los funcionarios electos de estas dos cámaras presentan, revisan y aprueban proyectos de leyes antes de que estos lleguen al presidente para que los apruebe o los vete.

Representante Boehner

Senador Schumer

EL PODER JUDICIAL

El presidente de la Corte Suprema John Roberts impartió el juramento de posesión al presidente. Roberts lidera a los otros ocho jueces que forman la Corte Suprema, que es parte del poder judicial. La Corte Suprema decide si las leyes son justas y se asegura de que cumplan con la Constitución.

Presidente del tribunal supremo Roberts

UNA MIRADA MÁS DE CERCA

Nuestra Constitución nos une como país y garantiza que todos los ciudadanos de los EE. UU. gocen de los mismos derechos. Ha establecido nuestras leyes y guiado a nuestro gobierno desde el año 1787, pero se ha modificado muchas veces para reflejar cambios en la manera en la que vivimos. Echemos una mirada más de cerca a nuestra Constitución y todas sus actualizaciones.

EL PREÁMBULO

"Nosotros, el Pueblo" son las primeras palabras del preámbulo, o introducción, de la Constitución, pero, ¿quiénes son "el Pueblo"? La definición ha cambiado con el tiempo. En la actualidad, todos los ciudadanos adultos componen "el Pueblo". Gobiernan eligiendo a los líderes del país. Eso hace que nuestro gobierno sea una república.

LOS ARTÍCULOS

Los siete artículos, o secciones, de la Constitución describen cómo funciona nuestro gobierno. Los tres primeros artículos establecen los tres poderes del gobierno: el legislativo, el ejecutivo y el judicial.

LAS ENMIENDAS

Con el tiempo, se han hecho modificaciones a la Constitución, llamadas **enmiendas**. Aquí están las 27 enmiendas que se han hecho hasta ahora. Las diez primeras enmiendas son la Declaración de Derechos. La Declaración de Derechos especifica los detalles individuales básicos. Es difícil leer las enmiendas en su redacción original, así que las veremos con un lenguaje más cotidiano.

1. Tienes el derecho a la libertad de culto, reunión, petición, prensa y expresión. (1791)

2. Tienes el derecho a portar armas. (1791)

3. No te pueden obligar a que soldados permanezcan en tu hogar en tiempos de paz. (1791)

4. Tienes el derecho a permanecer a salvo de allanamientos y detenciones irrazonables, lo que significa que la policía u otros funcionarios del gobierno no pueden indagarte o allanar tu hogar sin razón alguna. (1791)

5. Tienes el derecho a un proceso legal justo. Eso incluye el derecho a permanecer en silencio y no testificar en tu contra si te arrestan. (1791)

6. Si te acusan de un crimen, tienes derecho a acceder a un abogado y un juicio justo y ágil. (1791)

7. Tienes el derecho a un juicio con jurado. (1791)

8. Tienes el derecho a permanecer a salvo de castigos crueles y multas excesivas. (1791)

9. Tienes otros derechos, además de los que se mencionan en la Constitución. (1791)

10. Las capacidades que la Constitución no le otorga al gobierno de los EE. UU., se destinan, en cambio, a los gobiernos estatales. (1791)

11. Los Estados Unidos no tienen poder en litigios judiciales contra los estados individuales. (1795)

12. Representantes llamados electores se reúnen en su estado y emiten dos votos: uno para presidente y otro para vicepresidente. (1804)

13. Queda abolida la esclavitud. (1865)

14. Ningún estado puede retirarles los derechos a los ciudadanos estadounidenses. (1868)

15. No puede negarse el derecho a votar a los ciudadanos estadounidenses por causa de su raza. (1870)

16. El gobierno de los EE. UU. puede cobrar impuestos sobre el dinero que gana la gente. (1913)

17. Los habitantes de cada estado eligen dos senadores de los EE. UU., que desempeñan su cargo durante seis años. (1913)

18. Es ilegal producir, vender o transportar bebidas alcohólicas. (1919)

19. Las mujeres tienen el derecho a votar. (1920)

20. Cada presidente electo toma posesión el 20 de enero del año siguiente a la elección. (1933)

21. Se anula la 18.a enmienda, lo que hace que sea legal producir, vender y transportar bebidas alcohólicas. (1933)

22. Un presidente puede desempeñarse en su cargo solamente por dos mandatos. (1951)

23. Los habitantes de Washington, D.C., pueden votar en elecciones presidenciales. (1961)

24. Los ciudadanos tienen el derecho a votar sin pagar impuestos o tasas por ese derecho. (1964)

25. Si el presidente muere o no es capaz de desempeñar las labores de su cargo, el vicepresidente toma posesión. (1967)

26. Los ciudadanos tienen el derecho al voto a los 18 años o a mayor edad. (1971)

27. Si los miembros del Congreso votan para aumentar sus salarios, el aumento comienza a regir después de la siguiente elección. (1992)

Compruébalo ¿Por qué es tan importante la Constitución para nuestro país?

Conflicto y compromiso

por Becky Manfredini　　　ilustraciones de John Jay Cabuay

> ¡Bienvenidos! James Madison, a su servicio. Como me llaman el "Padre de la Constitución", seré tu guía mientras escuchas los debates que ayudaron a los constituyentes como yo a crear ese documento.

En el año 1787, los líderes de todos los estados, excepto Rhode Island, se reunieron en Filadelfia, Pensilvania, para crear un nuevo plan, o constitución, para los Estados Unidos. Durante seis años, el gobierno había estado organizado según los Artículos de la Confederación. Pero conforme a ese plan, el gobierno era débil y no tenía la capacidad de formar un ejército. Tampoco podía cobrar impuestos. Los representantes en esta **Convención** Constitucional debían crear un gobierno más sólido. Desde el comienzo, se debatía acaloradamente cómo formar nuestra legislatura, o cuerpo legislativo. Los estados pequeños querían una legislatura con el mismo número de representantes de cada estado, de modo que cada estado tuviera el mismo poder. Pero los estados grandes querían que los estados más poblados tuvieran más representantes y más poder.

¡La única manera de darle voz a la gente es establecer el número de representantes de un estado según la cantidad de habitantes de ese estado!

Eso es injusto e inaceptable. ¡Todos los estados deben tener el mismo número de representantes, sin importar lo grandes o pequeños que sean!

Delegados de Nueva Jersey

Delegados de Virginia

Finalmente, los estados pequeños y los estados grandes acordaron un **compromiso**. En otras palabras, cada parte acordó renunciar a algo que quería para llegar a un acuerdo. Según el compromiso, acordamos tener dos cuerpos legislativos cuyos miembros son electos por la gente. Uno sería la Cámara de Representantes, que se basa en el número de habitantes de cada estado y el otro sería el Senado, con dos representantes de cada estado. Y así, con este compromiso, tuvimos paz... al menos por un tiempo.

La siguiente discusión se trataba de cuántos representantes tendría cada estado en la Cámara de Representantes. Habíamos acordado que el número se basaría en la cantidad de habitantes de los estados, pero, ¿debía tomarse en cuenta a los esclavos como parte de la población? Los estados del Sur querían que se tomara en cuenta a los esclavos. De esa manera, esos estados tendrían más representantes en la Cámara de Representantes... y más poder.

¡No se toma en cuenta a los esclavos como ciudadanos, así que no pueden contarlos como parte de su población!

Delegados del Norte

Los esclavos deben tomarse en cuenta. Después de todo, ¡son parte de nuestra población!
¡Primero libérennos y luego podrán tomarnos en cuenta!
Y tomarlos en cuenta nos dará muchos más representantes.
Delegados del Sur
Acordamos otro compromiso. Se tomaría en cuenta a los esclavos, pero cada uno se contaría sólo como una fracción de un ciudadano libre. Eso les daba más miembros en la Cámara a los estados del Sur, pero no tantos como querían.

Superamos muchos desafíos mientras creábamos la Constitución de los EE. UU., pero el mayor desafío surgió al final de nuestra convención. Necesitábamos dos tercios de los estados para **ratificar**, o aprobar, la Constitución, pero los delegados estaban divididos. Algunos apoyaban la Constitución como la habíamos escrito. Otros pensaban que le otorgaba mucho control al gobierno de los EE. UU., y querían una lista de derechos y libertades básicas para los individuos. Resulta que tenían una idea sobre cómo abordar estos problemas y modificar la Constitución.

Me temo que esta Constitución le da mucho poder al gobierno de los EE. UU. Necesitamos una lista de derechos para proteger al pueblo.

No es así. Los tres poderes del gobierno tienen capacidades particulares, y estos poderes protegerán los derechos del pueblo. De todos modos, hay demasiados derechos individuales para mencionarlos a todos por separado.

Decidimos agregar una Declaración de Derechos a la Constitución de los EE. UU. Las diez enmiendas de la Declaración de Derechos protegen los derechos humanos básicos de los ciudadanos, como la libertad de culto, de expresión y de prensa. El 4 de marzo de 1789, el primer Congreso y el presidente George Washington tomaron posesión según la nueva Constitución de los Estados Unidos. Siempre supe que este documento guiaría a nuestra nación durante muchos años.

Compruébalo ¿Cuál era uno de los compromisos que los líderes de los estados hicieron cuando escribieron la Constitución de los EE. UU.?

NOSOTROS, EL PUEBLO

por Becky Manfredini

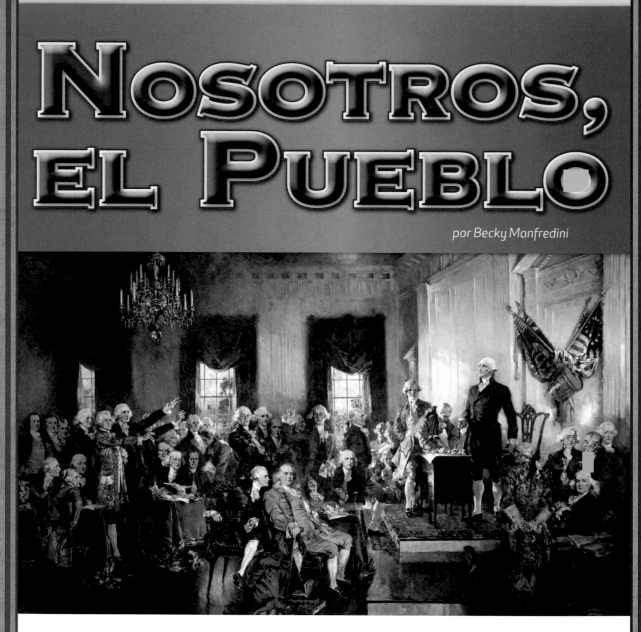

A pesar de lo grandiosa que es, nuestra Constitución no es perfecta. Desafortunadamente, los Constituyentes se dieron cuenta de que a medida que cambian los tiempos, nuestra Constitución también debía cambiar. Se aseguraron de que los ciudadanos de los Estados Unidos pudieran enmendar la Constitución de los EE. UU., pero no lo hicieron fácil. Todas las enmiendas deben ser aprobadas por el Congreso y ratificadas, o aprobadas, por dos tercios de los estados. Como la Declaración

En esta pintura, *Escena de la firma de la Constitución de los Estados Unidos* **(1940), los representantes del estado firman la Constitución de los EE. UU.**

de Derechos se agregó en el año 1791, solo se han agregado 17 enmiendas más, lo que da un total de 27. Estas 17 enmiendas reflejan algunas de las decisiones y asuntos más importantes de la historia estadounidense. Veamos por qué se crearon algunas de las enmiendas y qué impacto tuvieron en los Estados Unidos.

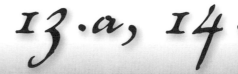

¡LIBRES AL FIN!

La Decimotercera, la Decimocuarta y la Decimoquinta Enmiendas se aprobaron en el siglo XIX, muchos años después de que se escribiera la Constitución. Se agregaron para satisfacer las necesidades de algunas personas que originalmente no estaban incluidas en "Nosotros, el Pueblo". Quizá recuerdes que esas son las tres primeras palabras del Preámbulo de la Constitución. Quizá también recuerdes que los Constituyentes no pudieron resolver el problema de la esclavitud en los Estados Unidos cuando escribieron la Constitución. No se consideraba que todas las personas fueran ciudadanos iguales, ni se les permitía votar y no tenían derechos básicos. Algunos estados y muchas personas lucharon para terminar con la esclavitud, pero se necesitó una guerra larga y sangrienta para que eso sucediera.

La guerra fue la Guerra Civil, y comenzó en el año 1861. Esta guerra entre los estados comenzó en parte debido a un conflicto sobre la esclavitud. Los habitantes del sur de los Estados Unidos afirmaban que necesitaban esclavos para trabajar en sus granjas, pero los habitantes de los estados del norte no permitían la esclavitud. Conflictos sobre el asunto llevaron a que el Sur se separara de los Estados Unidos, formaran su propio país y entraran en guerra con el resto de los Estados Unidos.

El Norte ganó la guerra en el año 1865, y el país volvió a unirse. En cinco años, tres enmiendas importantes se convirtieron en ley. Primero, el presidente Abraham Lincoln firmó la Decimotercera Enmienda en el año 1865, y así se abolió, o se terminó, la esclavitud. Luego, la Decimocuarta Enmienda otorgó la ciudadanía a la gente que anteriormente estaba esclavizada en el año 1868. En el año 1870, la Decimoquinta Enmienda concedió a los hombres afro-americanos el derecho al voto. Sin embargo, pasarían otros 100 años para que se otorgara a todas las personas afro-americanas verdaderos **derechos civiles**, incluido el derecho a una educación, empleo y viviendas equitativas.

Estos afro-americanos recientemente liberados estaban entre las casi cuatro millones de personas liberadas por la Decimotercera Enmienda.

13

El surgimiento y la caída de una enmienda

La Decimoctava Enmienda fue anulada por la Vigésimo Primera Enmienda. Esto es lo que sucedió. En el año 1919, nuestra nación estaba dividida con respecto a la venta de bebidas alcohólicas, como la cerveza y el whiskey. Grupos religiosos y grupos de mujeres culpaban al alcohol de destruir las familias. Reclamaban prohibir, o no permitir, la venta de bebidas alcohólicas. En respuesta, el gobierno aprobó la Decimoctava Enmienda, que hizo que la producción, la venta y el transporte de bebidas alcohólicas fuera ilegal. Esta suspensión se llamó **ley seca**.

Pero la prohibición causó nuevos problemas. Muchos restaurantes cerraron por no poder vender alcohol.

Debido a la prohibición, las personas perdieron sus trabajos como mozos, camioneros y obreros de fábrica. Los estados que necesitaban los impuestos por la venta de las bebidas alcohólicas no podían pagar

⋁ **Esta es una escena típica de la prohibición. Aquí, la policía vacía barriles de cerveza y otras bebidas alcohólicas en las alcantarillas públicas.**

18.ᵃ Enmienda

El crecimiento del crimen organizado fue, probablemente, el peor resultado de la ley seca.

Los criminales formaron grandes pandillas para proveer a la gente bebidas alcohólicas ilegales. Los *gangster* como Al Capone ganaron mucho dinero vendiendo bebidas alcohólicas ilegales a fines de la década de 1920 y a comienzos de la década de 1930. Esto causaba violencia cuando las pandillas rivales peleaban. En lugar de hacer que la gente estuviera más segura, la prohibición de alcohol empeoró las cosas. Por lo tanto, el gobierno abandonó la ley seca. En el año 1933, el Congreso aprobó la Vigésimo Primera Enmienda para **derogar**, o eliminar, la ley seca. La Decimoctava Enmienda es la única enmienda que se ha derogado en la historia.

⌄ Esta mujer expresa su apoyo a la terminación de la ley seca.

REPEAL
The
18th
Amendment
The Crusaders

¡VOTOS PARA TODOS LOS CIUDADANOS!

La Decimonovena, la Vigésimo Cuarta y la Vigésimo Sexta Enmiendas llevaron el derecho al voto a nuevos grupos. Al igual que los afro-americanos, las mujeres tuvieron que esperar hasta que una enmienda les otorgó el **sufragio**, o derecho al voto. Durante años, muchas mujeres fueron arrestadas y encarceladas por manifestarse sobre sus derechos. Finalmente, en el año 1920, la Decimonovena Enmienda les concedió a las mujeres de los Estados Unidos el derecho al voto. Después de su aprobación, la nación tenía 26 millones de nuevos votantes, la mitad de la población de los EE. UU. en esa época.

Antes del año 1964, los afro-americanos de muchos estados tenían que tomar una prueba antes de que pudieran votar o pagaban un "impuesto sobre el sufragio", que es un impuesto para votar. Eso hacía que votar fuera más difícil, aunque fuera su derecho constitucional. En enero de 1964, el Congreso

A las personas que apoyaban los derechos al voto femenino se les llamaba sufragistas. Estos sufragistas marchan en Nueva York en el año 1917.

16

aprobó la Vigésimo Cuarta Enmienda, que hizo que estas prácticas injustas fueran ilegales.

Pero un grupo más no estaba satisfecho con sus derechos de votar: los estadounidenses de 18 años de edad. En las décadas de 1960 y 1970, los Estados Unidos lucharon una guerra en Vietnam, en el Sudeste Asiático. Cualquier hombre estadounidense de 18 años de edad podía ser reclutado para el servicio militar, y miles lucharon y murieron en Vietnam. Sin embargo, según la Constitución de los EE. UU., nadie menor de 21 años podía votar.

Mucha gente señalaba que si con 18 años de edad se era suficientemente mayor para ir a la guerra, también debía poder votar. La Vigésimo Sexta Enmienda se aprobó en el año 1971, y redujo la edad mínima para votar de todos los ciudadanos estadounidenses a 18 años.

∨ Un secretario de condado le enseña a una mujer de 18 años cómo usar una máquina de votación para que pueda ejercer su derecho al voto.

24.ª, 26.ª Enmiendas

Compruébalo ¿Qué enmienda del artículo te pareció más interesante? ¿Por qué fue importante?

El fracaso es imposible

por Rosemary H. Knower

Muchas caricaturas del siglo XIX y comienzos del siglo XX se burlaban de los sufragistas, o gente que luchaba por el derecho al voto de las mujeres.

El 26 de agosto de 1995, la obra de teatro "El fracaso es imposible"
se leyó en los Archivos Nacionales en Washington, D.C. Se leyó para
celebrar el 75.o aniversario de la Decimonovena Enmienda. La obra
de teatro cuenta la historia de las mujeres que lucharon por el derecho
al voto.

Elenco:

Narrador   Lector 1   Lector 2   Lector 3

Narrador: Hoy es el 75.o aniversario de la aprobación de
la Decimonovena Enmienda, que les otorgó a las mujeres el
derecho al voto. Espera un momento, el país tiene 219 años,
¿acaso dijiste que las mujeres votan desde hace tan solo 75 años?
¿Cuál es el problema aquí? Todo comenzó con las palabras de los
Constituyentes: no las que pusieron, sino las que dejaron afuera:
"mujeres". En el año 1776, cuando John Adams se sentó con un
comité de hombres en Filadelfia para escribir la Declaración de Independencia, su esposa Abigail
le escribió:

Lector 1: John, en el nuevo código de leyes... recuerda a las damas... No pongas un poder tan
ilimitado en manos de los maridos. Recuerda que todos los hombres serían tiranos si pudieran...
Nosotras... no nos vamos a atar a ninguna ley en la que no tengamos voz, o representación.

Narrador: Pero cuando los Constituyentes escribieron la Declaración y la Constitución,
enunciaron: "Sostenemos que estas verdades son evidentes por sí mismas, que todos los *hombres*
han sido creados iguales". Como resultado, en el año 1776, las mujeres no podían votar o poseer
propiedades, y tenían muy pocos derechos.

Canciones y dichos ayudaron a motivar a las mujeres durante su lucha por el derecho al voto. Esta es la portada de unas partituras que se publicaron en el año 1916.

Narrador: En el año 1848, un grupo de mujeres organizó la primera Convención de los Derechos de las Mujeres en Seneca Falls, Nueva York. Se requirió un gran coraje. En la década de 1840, las mujeres respetables ni siquiera hablaban en público, mucho menos convocaban reuniones. La líder de la Convención, Elizabeth Cady Stanton dijo un tiempo después:

Lector 1: Nos sentíamos tan desvalidas y desesperanzadas como si nos hubieran pedido repentinamente que construyéramos una máquina a vapor.

Narrador: Pero estaban decididas. Reescribieron la Declaración de Independencia para que dijera: "Sostenemos que estas verdades son evidentes por sí mismas, que todos los *hombres y las mujeres* han sido creados iguales". Si las mujeres tenían el derecho al voto, podían defenderse de los hombres que se quedaban con sus sueldos o que las lastimaban, a ellas y a sus hijos. Necesitaban más derechos.

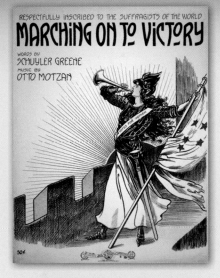

"Marcha a la victoria" era una canción dedicada a los sufragistas de todo el mundo.

En el año 1900, más de tres millones de mujeres tenían trabajos asalariados fuera de su casa, y con frecuencia en condiciones peligrosas y **explotadoras**, junto a sus hijos en las maquinarias. Necesitaban que el voto les diera una voz en la legislación laboral.

En el incendio de la fábrica de blusas Triangle en el año 1911, 129 mujeres murieron tratando de escapar de un edificio inseguro en el que habían estado encerradas para que no abandonaran su trabajo. Las trabajadoras se apresuraron para unirse a la causa de los sufragistas. Con este nuevo ejército de adeptos, las mujeres consiguieron con éxito que los estados tuvieran **referendos**, o votos sobre un asunto determinado, en el asunto del sufragio de las mujeres.

Lector 1: En el año 1912, el referendo por el sufragio se aprobó en Arizona, Kansas y Oregón.

Lector 2: Pero no se aprobó en Michigan, Ohio y Wisconsin.

Narrador: En el año 1913, 5,000 mujeres marcharon por la avenida Pensilvania, en Washington, D.C., el día anterior a la toma de posesión del presidente Woodrow Wilson, reclamando el derecho al voto. Una multitud enfurecida las atacó.

Lector 1: En el año 1914, el referendo por el sufragio se aprobó en Montana y Nevada.

Lector 2: No se aprobó en Dakota del Norte y del Sur, Nebraska y Missouri.

Lector 3: 1915: El referendo por el sufragio falló en Nueva York, Nueva Jersey, Pensilvania y Massachusetts.

Narrador: Cuando los Estados Unidos entraron en la Primera Guerra Mundial en el año 1917, el gobierno solicitó a las mujeres que dejaran de lado su causa para ayudar en el esfuerzo de la guerra, como había hecho el gobierno al comienzo de la Guerra Civil en el año 1860. Pero en el año 1917, las mujeres trabajaban por la guerra y también siguieron trabajando por el voto.

Lector 3 (leyendo un artículo de un testigo ocular): En Nueva York, más de un millón de mujeres firmaron una **petición** en la que pedían el derecho al voto. Las peticiones se pegaron en los carteles que llevaban las manifestantes. La procesión de las peticiones cubría más de media milla.

Narrador: Ese mismo año, en Washington, D.C., otros sufragistas se manifestaron fuera de la Casa Blanca bajo la lluvia y el frío.

Lector 2: (Sufragista): Día a día, caería un silencio intenso cuando se arrestó a los manifestantes. Los observadores... no solo vieron a mujeres jóvenes, sino también abuelas canosas, subidas en la patrulla [carreta] abarrotada, con la cabeza en alto y sus frágiles manos sosteniendo firmes el estandarte hasta que se lo arrebataron por la fuerza.

Esta era la portada del programa oficial de la marcha por el sufragio femenino en el año 1913. Algunos curiosos se burlaban de las manifestantes.

Esta estampilla y folleto instaban a los estadounidenses a dar a las mujeres el derecho al voto. El movimiento les pedía a los estadounidenses que apoyaran el sufragio de las mujeres con su voto.

Carteles como este pedían a los votantes que apoyaran a los candidatos que trabajarían por el sufragio de las mujeres.

Durante la Primera Guerra Mundial, las mujeres se desempeñaron en muchos trabajos importantes para la defensa de la nación. Pero no podían votar.

Narrador: Las manifestaciones en la Casa Blanca mantuvieron la atención pública concentrada en ese asunto. En el año 1917, en plena Primera Guerra Mundial, el presidente Wilson habló para solicitarle al Congreso que actuara con respecto al sufragio.

Lector 3 (Presidente Woodrow Wilson): Esta es la guerra de un pueblo. Las mujeres creen que la democracia significa que deben interpretar su papel junto a los hombres y al mismo paso que ellos.

Narrador: En enero de 1918, la Decimonovena Enmienda para darles a las mujeres el derecho al voto llegó a la Cámara. Sin embargo, pasaría otro año antes de que el Senado aprobara la enmienda por el sufragio, y otro año más antes de que los 36 estados necesarios la ratificaran.

Finalmente, el 26 de agosto de 1920, la Decimonovena Enmienda les dio a las mujeres de todo Estados Unidos el derecho al voto. En la última Convención por el Sufragio del año 1920, la sufragista Carrie Chapman Catt habló a las triunfantes mujeres.

Lector 2: El nuestro ha sido un movimiento con el alma. Hay mujeres que han llegado, han dado sus servicios y han fallecido, pero otras vinieron a ocupar su lugar. ¿Quién dirá que todas las multitudes de los millones de mujeres que han trabajado y esperado y se han visto postergadas no están hoy aquí, con nosotras en nuestro regocijo? Su causa ha triunfado.

Compruébalo ¿Qué estrategias usaron las mujeres para obtener el derecho al voto?

Lee para descubrir cómo las acciones de una persona ayudaron a cambiar a nuestra nación.

Rosa Parks dice: "No"

por Brinda Gupta

La noche del 1.o de diciembre de 1955, una mujer afro-americana llamada Rosa Parks tomó un asiento en su autobús habitual en Montgomery, Alabama. A medida que el autobús se llenaba de personas, un hombre blanco le hizo señas para que se levantara. Quería su asiento. —No lo haré —respondió Parks.

En el año 1955, no se trataba con igualdad a las personas de diferentes razas en los Estados Unidos. En el Sur, la **segregación**, o separación entre razas, era ley. Todos podían subir al autobús en Montgomery, pero los pasajeros afro-americanos debían sentarse en la parte trasera. Si los asientos delanteros se llenaban, los pasajeros blancos podían obligar a los pasajeros afro-americanos a cederles esos asientos. Los pasajeros afro-americanos que se negaban, quebrantaban las leyes de segregación.

Rosa Parks había luchado por los derechos civiles de los afro-americanos durante años. Pero nunca antes había quebrantado la ley. —Cuando tomé esa decisión —dijo después Parker—, sabía que tenía la fortaleza de mis ancestros. —Su acto fue un ejemplo de **desobediencia civil**, o una protesta no violenta contra una ley o política.

Su simple rechazo comenzó una cadena de sucesos que cambió la historia de los EE. UU. Sus acciones ayudaron a generar el Movimiento de los Derechos Civiles, una lucha para obtener igualdad de derechos para los afro-americanos. El Movimiento de los Derechos Civiles les otorgó a los afro-americanos los derechos que les garantizaba la Decimocuarta Enmienda: los derechos de ciudadanía plena. El movimiento también ayudó a los afro-americanos a ejercer el derecho a votar que promete la Decimoquinta Enmienda.

> Rosa Parks posa para una foto en un autobús bastante parecido al que había abordado cuando se negó a ceder su asiento.

"Sabía que alguien debía dar el primer paso, y decidí no moverme. El maltrato que recibíamos no estaba bien, y estaba cansada de él". —ROSA PARKS

> Durante el boicot de autobuses, la gente solía ir caminando a trabajar.

¡Boicot!

Cuando los afro-americanos de Montgomery oyeron la historia de Parks, decidieron apoyarla. Ellos también estaban cansados de la segregación. Los grupos de derechos civiles decidieron realizar un **boicot** a los autobuses de Montgomery hasta que se cambiaran las leyes injustas.

Durante un boicot, la gente se niega a comprar un bien o servicio para probar un punto de vista. En Montgomery, muchos afro-americanos viajaban en autobuses urbanos. Componían aproximadamente el 75 por ciento de los pasajeros totales, y las tarifas que pagaban ayudaban a administrar la ciudad. ¿Qué mejor manera de enviar un mensaje a las compañías de autobuses y a la ciudad que dejar de usar

Durante el boicot, poca gente viajaba en los autobuses en Montgomery. Como resultado, las compañías de autobuses perdían cada vez más dinero.

el sistema de autobuses que los trataba injustamente?

Se necesitó mucha planificación para realizar el boicot. La gente que tenía carros llevaba a los antiguos pasajeros de autobuses. Mucha gente simplemente caminaba en lugar de viajar en autobús. Incluso con mal tiempo y a través de largas distancias, la gente iba caminando a trabajar, a la escuela, a la iglesia y a hacer diligencias. El primer día del boicot fue un gran éxito. Filas de personas caminaban y serpenteaban por la ciudad y pasaban junto a los autobuses vacíos. Los líderes animaban a la gente a no rendirse, y el boicot de autobuses de Montgomery duró unos asombrosos 381 días.

El boicot estaba perjudicando a la ciudad de Montgomery y a las compañías de autobuses, pero la ciudad y el estado no estaban dispuestos a renunciar a las leyes de segregación. Finalmente, los abogados llevaron el caso a la Corte Suprema de los EE. UU. Argumentaron que las leyes de segregación iban en contra de la Constitución. La Corte estuvo de acuerdo. El 13 de noviembre de 1956, dictaminó que los autobuses de Montgomery ya no podrían estar segregados. Los afro-americanos volvieron a viajar en autobús, y podían sentarse donde quisieran.

El boicot de autobuses de Montgomery fue una de las protestas más efectivas en contra de la segregación racial en la historia. No hubo violencia. No se dañó ninguna propiedad. La gente simplemente decidió no apoyar un sistema injusto.

Parks pasó el resto de su vida luchando por los derechos civiles. Recibió muchos homenajes por su rol y se la llama la "Madre del Movimiento de los Derechos Civiles". Y lo que es más importante, Parks inspiró a otras personas dando un buen ejemplo. Quienes se consideraban ciudadanos comunes vieron que Parks había logrado un gran cambio al simplemente ser lo suficientemente valiente para defender sus creencias.

Esta estatua de nueve pies de alto en Washington, D.C., homenajea a Rosa Parks.

> El presidente Barack Obama visita el autobús que hizo famosa a Rosa Parks. En la actualidad, el autobús está en exhibición en el museo Henry Ford, en Michigan.

"En un solo momento, con un acto simple, ayudó a cambiar los Estados Unidos y el mundo".

—BARACK OBAMA

Compruébalo ¿Cómo ayudó la acción de Rosa Parks a cambiar nuestro país?

Comenta

1. ¿Qué conexiones puedes hacer entre los cinco artículos de este libro? ¿Cómo se relacionan los artículos?

2. Elige una enmienda. ¿Cómo mostró la aprobación de esa enmienda la capacidad de cambio del país con el paso del tiempo?

3. ¿Por qué crees que pasó tanto tiempo para que las mujeres estadounidenses obtuvieran el derecho al voto? ¿Cómo crees que las votantes cambiaron los Estados Unidos?

4. ¿Cómo puede la desobediencia civil cambiar las leyes o las políticas de gobierno injustas? Apoya tu respuesta con detalles del texto.

5. ¿Qué más te gustaría saber sobre la Constitución de los EE. UU.? ¿Qué puedes hacer para saber más?